Kosmisch

Gary M. Forester

Jahreszeiten

Der Jahreskreis

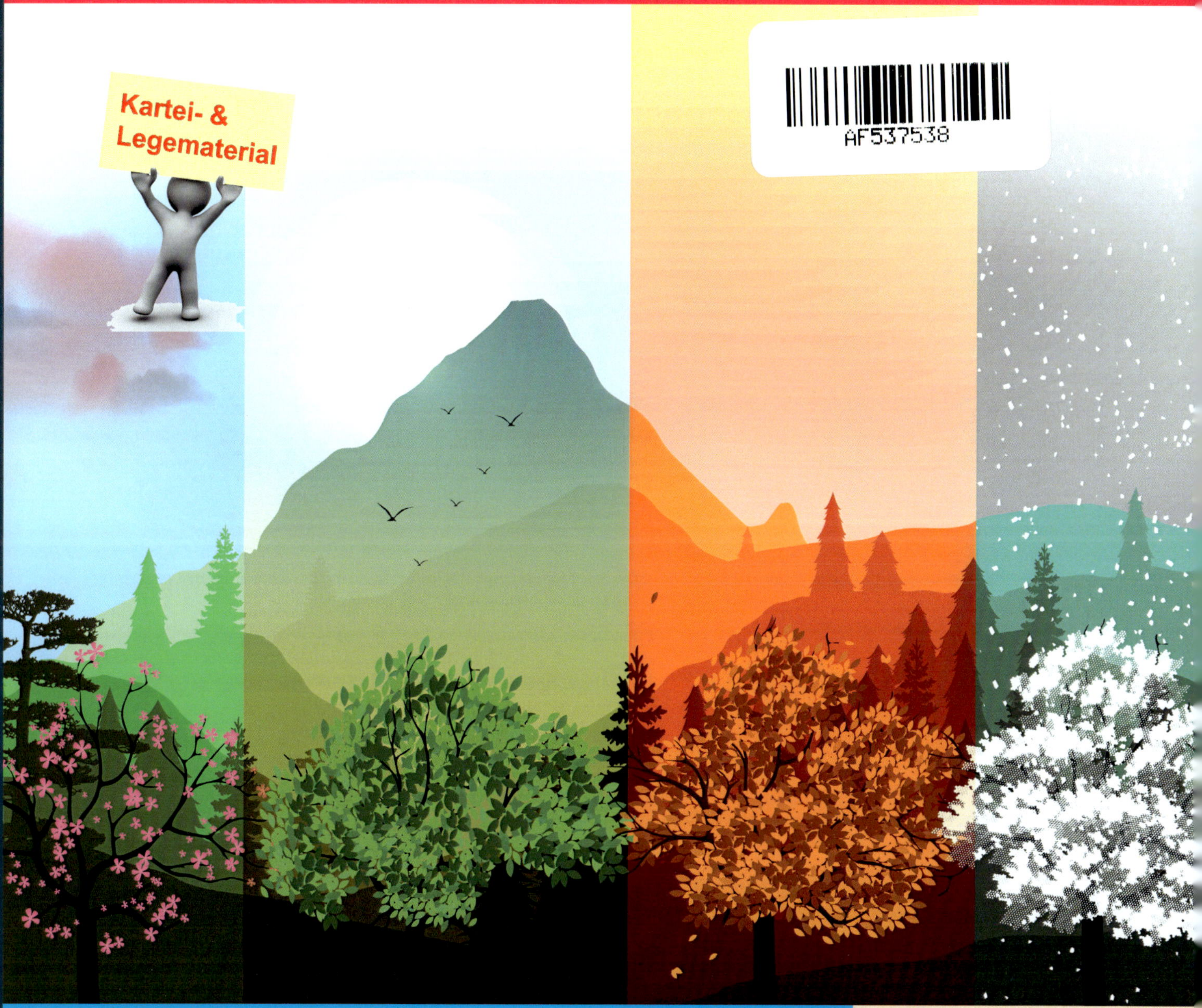

Kartei- & Legematerial

Lern- und Legematerial

Montessori-Reihe

www.kohlverlag.de

Jahreszeiten

Der Jahreskreis

1. Auflage 2022

Inhalt: Gary M. Forester
Coverbild: © bubble86 - AddobeStock.com
Redaktion: Kohl-Verlag
Grafik & Satz: Kohl-Verlag
Druck: farbo prepress GmbH, Köln

Bestell-Nr. 15 062

ISBN: 978-3-98558-079-8

Bildquellen © AdobeStock.com

S. 3: dannywilde; **S. 5**: bmf-foto.de, thomasp24, Pagina; **S. 6**: Pagina; **S. 7**: Pagina, Swetlana Wall, ermess; **S. 8**: Pagina; **S. 9**: Pagina, Smilens, Alexander Raths; **S. 10**: Pagina; **S. 11**: Pagina, Swetlans Wall, jnelnea; **S. 12**: Pagina; **S. 13**: Archivist, Gstudio, BNP Design Studio, Co-Design, Victoria Kondysenko, tujuh17belas; **S. 15**: alesbuess, by-studio, Igor, andbaumgarten, Thomas Kottal, zxczxc80; **S. 17**: Peter Hermes Furian, Pavel, Delia, Jenko Ataman, Sabine Schönfeld,exklusive-design; **S. 19**: Countrypixel, Tomasz, Serghei Velusceac, Théo Turtaut, Markus Mainka, Cynthia; **S. 21**: Angel Simon, Lilya, Thierry RYO, Studio Barcelona, Vera Kuttelvaserova, natara; **S. 23**: Dora Zett, Zattletic, photocrew, S.H.exclusiv, Alexander Limbach; **S. 25**: Peter Hermes Furian, Dragon Tiger 8, foto-frank, manu, Melkor3D; **S. 27**: gamjai, cirodella, eyetronic, nd700, Vjom, xiaoliangge, slop, Oskar; **S. 29**: dannywilde, lil_22; **S. 30**: BillionPhotos.com, Africa Studio; **S. 31**: Romolo Tavani; **S. 32**: Piman Khrutmnang, rangizz;

Bildquellen © wiki.com

S. 23: GFreihalter; **S. 25**: Wichern_Adventskranz_originated_from_Germany.jpf wiki Fretwurst; **S. 27**: St._Michael_ob_Rauchenödt_Flügelaltar_Valentin_01 wiki Uoaei1; **S. 31**: TepmaweB_Co_звезAOÑ _1916.jpeg wiki frei

Inhalt

Vorwort

Viermal jährlich erleben wir den Wandel der Natur. Für Kinder ganz besonders spannend, denn zu jeder Jahreszeit gibt es viel zu entdecken und zu erleben. Der Jahreskreis veranschaulicht den Schüler*innen die Veränderungen und animiert sie zur spielerischen Anordnung der Legekarten. Die Inhalte können durch dieses visuell-motorische Lernen besser aufgenommen und eingeprägt werden.

Die Kinder, die nicht gerade in einer Großstadt wohnen, bekommen von den Jahreszeiten viel mehr zu spüren. Damit auch Stadtkinder einen Bezug zu den verschiedenen Jahreszeiten aufbauen können, gibt es dieses Legematerial. An den Farben können die Schüler erkennen, was zu welcher Jahreszeit gehört. Bilder vereinfachen die Zuordnung.

Viel Freude und Erfolg mit diesen Seiten wünschen der Kohl-Verlag und

Gary M. Forester

So sieht es aus:

Frühling

Der meteorologische Frühlingsanfang ist immer am 01. März. Denn die Wetterleute teilen die vier Jahreszeiten immer in drei volle Monate ein, den Frühling in März, April und Mai. Der astronomische Frühling beginnt am 19., 20. oder 21. März.

Sommer

Frühling

KOHL VERLAG Lernen mit Erfolg
Jahreszeiten
Der Jahreskreis – Bestell-Nr. 15 062

Sommer

Astronomisch beginnt der Sommer mit der Sommersonnenwende – dem Zeitpunkt, zu dem die Sonne senkrecht über dem Wendekreis steht und die Tage am längsten sind. Der Sommerbeginn ist auf der Nordhalbkugel also am 20., 21. oder 22. Juni. Aus meteorologischer Sicht fängt der Sommer am 01. Juni an.

Herbst

Sommer

Herbst

Astronomisch (den Sternkundlern nach) beginnt der Herbst mit der Tag- und Nacht-Gleiche am 22. oder 23. September, meteorologisch (den Wetterleuten nach) wird er meist auf den 01. September gelegt.

Winter

Herbst

Winter

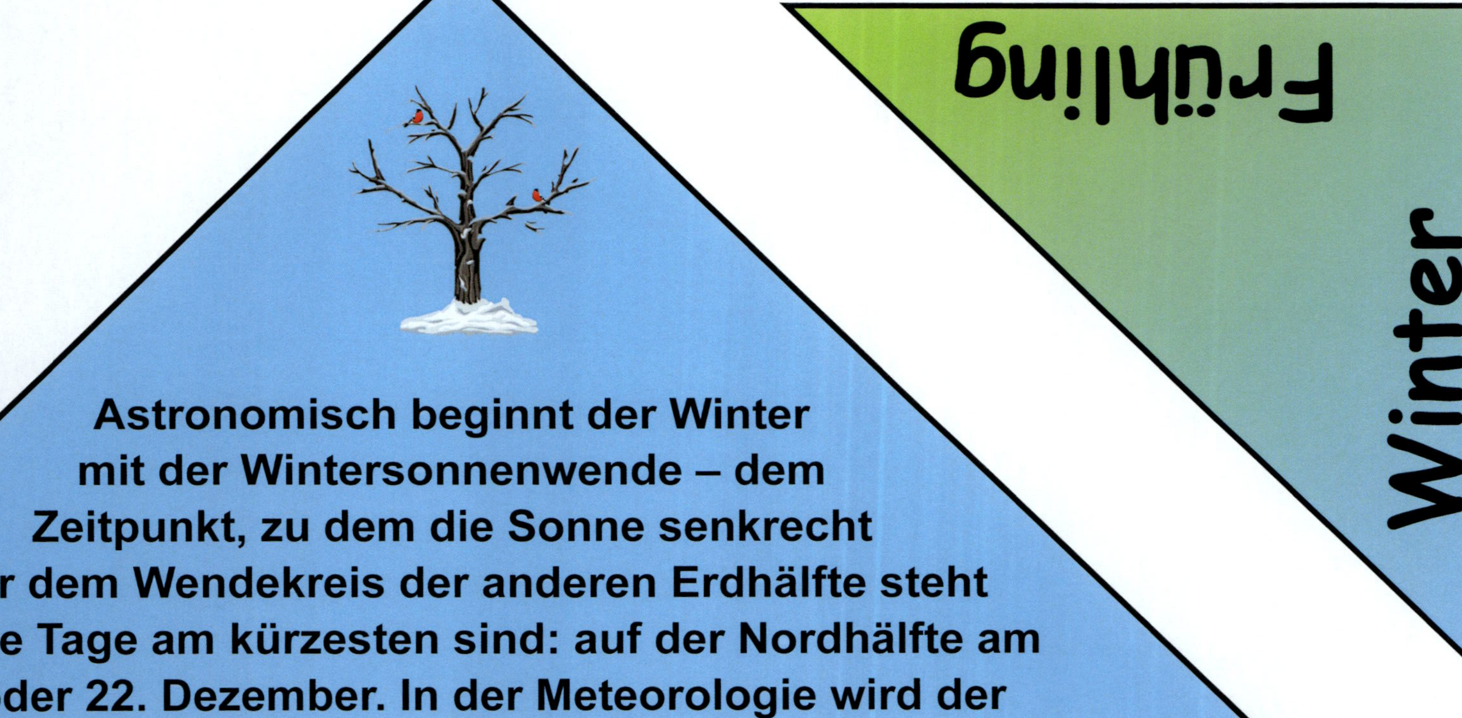

Astronomisch beginnt der Winter mit der Wintersonnenwende – dem Zeitpunkt, zu dem die Sonne senkrecht über dem Wendekreis der anderen Erdhälfte steht und die Tage am kürzesten sind: auf der Nordhälfte am 21. oder 22. Dezember. In der Meteorologie wird der Beginn am 01. Dezember festgesetzt.

Frühling

Winter

Ostern

An Ostern feiern Christen die Auferstehung von Jesus nach seinem Tod am Kreuz. Auf das Osterfest bereiten sie sich ab Aschermittwoch nach Karneval in der Passionszeit vor.
Sie dauert 40 Tage.

Frühlingsfeste

Ein Frühlingsfest feierten die Menschen schon vor Christi Geburt. Sie begrüßten den Frühling mit Tanz und Musik. Eier und Hasen wurden an diesem Fest gegessen. Sie waren Zeichen für Fruchtbarkeit.

Walpurgisnacht

Vom 30. April zum 01. Mai ist die Walpurgisnacht. Früher wurden die Vertreibung des Winters und der Beginn des Frühlings mit Tanz, viel Lärm und Freudenfeuern gefeiert. Die Hexen flogen auf ihren Besen gemeinsam zum Blocksberg und feierten dort ein wildes Fest.

Der Maibaum

Der Brauch, einen Maibaum aufzustellen, geht bis ins 16. Jahrhundert zurück. Als Maibaum wurde früher nur die Birke ausgewählt, weil sie als erste Blätter bekommt. Das Aufstellen des Maibaums wird meistens mit dem Tanz in den Mai gefeiert.

Pfingsten

Das Pfingstfest wird immer am 50. Tag nach Ostern gefeiert. In der Bibel steht, dass der Heilige Geist am fünfzigsten Tag nach Ostern zu den Aposteln herabkam. Die Taube steht als Zeichen des Heiligen Geistes.

Schneeglöckchen

Meist ist das Schneeglöckchen der erste Frühlingsbote. Doch es gibt weitere Blumen, die uns den Frühling ankündigen. Im Garten blühen u. a. Krokus, Primeln, Veilchen, Tulpen und Osterglocken.

12
1
2
3
4
5
6
7
8
9
10
11

Die Sommerzeit

Am letzten Märzwochenende wird die Uhr auf Sommerzeit umgestellt. Sie wird eine Stunde vorgestellt. Das soll abgeschafft werden, doch wann, ist ungewiss. Wir freuen uns, dass es abends später dunkel wird.

Frühblüher im Wald

Solange die Bäume noch kein Laub haben und die Sonnenstrahlen bis zum Waldboden gelangen, finden sich im Wald die blühenden Pflanzen: Buschwindröschen, Veilchen. Schlüsselblumen, Leberblümchen und Scharbockskraut sind die bekanntesten.

Schmetterlinge

Bei uns gibt es etwa 3700 verschiedene Arten von Schmetterlingen. Diejenigen, die vorwiegend am Tage umherfliegen, nennen wir Tagfalter. Dazu gehören z. B. das Tagpfauenauge, der Kleine Fuchs und der Zitronenfalter.

Tierkinder

Im Frühling werden besonders viele Tierkinder geboren. Die Tage sind länger und es wird wärmer. Bäume werden wieder grün und Gräser, Kräuter und Blumen wachsen. Jetzt gibt es für alle Tiere endlich wieder genug Futter – auch für den Nachwuchs.

Die Entwicklung der Osterglocke

Die Osterglocke oder Narzisse wächst aus einer braunen Zwiebel und wird 15-40 cm hoch. Die Blüten sind gelb oder weiß und haben 6 Blütenblätter, innen noch eine Krone. Narzissen blühen von März bis Mai.

Die Bäume schlagen aus

Im Frühjahr steigen die Temperaturen und die Tage werden länger. Die Bäume können diese Veränderungen „spüren“. Sie sind das Signal für den Baum, dass er aus der Winterruhe „erwachen“ kann: Er beginnt wieder zu wachsen und zu blühen.

KOHL VERLAG Lernen mit Erfolg
Jahreszeiten – Bestell-Nr. 15 062
Der Jahreskreis

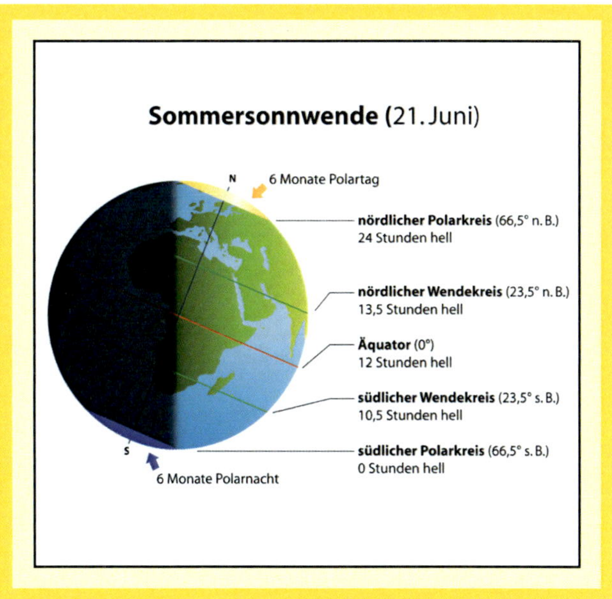
Sommersonnwende (21. Juni)
N
6 Monate Polartag
nördlicher Polarkreis (66,5° n. B.)
24 Stunden hell
nördlicher Wendekreis (23,5° n. B.)
13,5 Stunden hell
Äquator (0°)
12 Stunden hell
südlicher Wendekreis (23,5° s. B.)
10,5 Stunden hell
südlicher Polarkreis (66,5° s. B.)
0 Stunden hell
S
6 Monate Polarnacht

Mittsommernächte

In den nordischen Ländern wird es an diesen Tagen kaum dunkel. Die Menschen feiern die Mittsommernächte mit Musik und Tanz. Die Nächte werden zu dieser Jahreszeit kaum dunkel. Man spricht auch von den „Weißen Nächten“.

Sommersonnwende

Am 21. Juni, ist Sommersonnwende. Das heißt, die Sonne erreicht – auf unserer nördlichen Erdhalbkugel – ihren höchsten Stand. Mittags erreicht sie den nördlichen Wendekreis. Deswegen sind heute der längste Tag und die kürzeste Nacht. Ab Morgen geht die Sonne wieder später auf und früher unter.

Große Ferien

Im Sommer liegen auch die langen Sommerferien. Viele Leute machen Reisen, doch auch zu Hause kann es wunderschön sein, mit Freibad, Zelten, Radtouren, Angeln oder Wanderungen.

Bienen

Honigbienen und Wildbienen bestäuben rund 80 Prozent aller Gemüse- und Obstsorten. Ohne Bienen gäbe es bei uns also weder Obst noch Gemüse und für uns keinen Honig!
Eine Biene fliegt bis zu 10 Kilometer weit, um an den Nektar einer Pflanze zu kommen.

Eis

Diese Leckerei war den Chinesen schon lange vor Christi Geburt bekannt. Im 19. Jahrhundert begann die industrielle Speiseeisherstellung. 1876 erfand Carl Linde eine Kältemaschine. Mit diesem Fortschritt kommen auch die einfachen Leute in den Genuss des Eises.

Mohn, Kornblume, Kamille

An den Rändern von Getreidefeldern blühen bunte Wildblumen wie Kamille, Mohn und Kornblume. Bienen, Hummeln und Schmetterlinge finden hier reichlich Nektar.

Die Sonnenblume

Die Ureinwohner in Nordamerika haben schon ihre fettreichen Samen als Nahrung verwendet. Nach Europa wurde sie von den Spaniern im 16. Jahrhundert mitgebracht. Sie erhielt ihren Namen, weil sie ihren Kopf immer der Sonne entgegen dreht. Das bedeutet, dass sie in der Früh nach Osten blickt und abends in die entgegengesetzte Richtung, nach Westen.

Die Getreideernte

Im Sommer wird das Getreide reif. Große Mähdrescher fahren über die Felder. Sie schneiden und dreschen das Getreide. Das Stroh fällt hinten heraus und bleibt meist als Dünger auf dem Feld liegen. Bei uns wachsen Weizen, Roggen, Gerste und Hafer als Nahrungsmittel.

Johanni

Johanni leitet die Erntezeit ein. Es gibt Salat, den ersten Kohl und Erdbeeren. Allerdings ist es gleichzeitig das Ende der Spargelzeit. Pflanzen und Tiere sind nach Johanni benannt: Johanniskraut, Johannisbeeren und der Johanniskäfer, das Glühwürmchen.

Marienkäfer

Marienkäfer finden wir im Sommer auf Bäumen, Gräsern, Blumen und im Moos. Sie fressen nur Blattläuse, täglich bis zu 50 Stück. Daher ist der kleine Käfer sehr nützlich. Er überwintert zusammen mit anderen Käfern in Ritzen, Baumrinden, im Laub oder in Moos. Meist sind die Käfer rot und haben 7 schwarze Punkte (Siebenpunkt).

Sommerzeit ist Obst- und Beerenzeit

Erdbeeren, Himbeeren, Brombeeren, Heidelbeeren, Stachelbeeren und Johannisbeeren – von Juni bis August ist die Auswahl an frischen, heimischen Beeren groß. Auch Kirschen, Aprikosen und Pflaumen kann man ernten.

Vögel brüten erneut

Kohl- und Blaumeisen oder auch Stare nutzen ihre Bruthöhle oder den Nistkasten mehrmals im Jahr – viele haben ja zwei- bis dreimal Nachwuchs pro Jahr. Auch das Rotkehlchen brütet 2-3-mal, das zieht sich von April bis zum August hin.

Laubbäume

Im Herbst bereitet sich die Natur auf den Winter vor. Die Bäume werfen ihre Blätter ab. Wenn der Boden gefroren ist, können sie kein Wasser mehr aufnehmen. Darum bereitet sich der Baum auf eine Art Winterschlaf vor. Er speichert Nährstoffe in der Baumrinde und in den Wurzeln.

Waldfrüchte und Nüsse

Ein Spaziergang im Herbst lässt uns viele Sachen zum Basteln sammeln: Kastanien, Eicheln, Bucheckern und Tannenzapfen. Die Tiere benötigen sie als Nahrung. Eichhörnchen, Hamster und Mäuse legen sich einen Vorrat an. Walnüsse und Haselnüsse mögen wir auch!

Kürbis

Kürbisgewächse waren schon vor 10.000 Jahren bekannt. Kolumbus brachte Kürbissamen nach Europa mit. Seitdem werden sie bei uns gezüchtet.
Über 850 Arten von Kürbissen gibt es. Darunter fallen auch Melonen, Gurken und Zucchini. Kürbisse gibt es in vielen Farben, Formen und Größen.

Traubenernte

In den Weinorten beginnt im Herbst die Traubenernte. Nach getaner Arbeit gibt es überall fröhliche Weinfeste.
Aus den Trauben werden Wein, Saft und Rosinen gemacht und natürlich werden auch Weintrauben als Obst gegessen.

Kartoffeln

Im 16. Jahrhundert brachten die ersten Eroberer Südamerikas die Kartoffel von Peru nach Europa. Gut 100 Jahre brauchten die Leute, bis sie sich daran gewöhnt hatten und sie gerne aßen. Kartoffeln werden Ende April „gesetzt“. Von Juli bis September wird, je nach Sorte, geerntet.

Tiere im Herbst

Vögel wie der Storch und die Schwalben sind in den Süden gezogen. Hamster und Eichhörnchen legen noch ein paar Wintervorräte an. Einige Tiere wie der Igel und die Fledermaus beginnen den Winterschlaf. Hasen, Kaninchen, Rehe und Füchse bekommen ein dickes Winterfell. Amseln und Spatzen bekommen ein dickes Federkleid.

SV. NIKOLA. B.

Sankt Martin

Der Martinstag wird mit Umzügen und anderem Brauchtum begangen. Man denkt an Martin, den römischen Soldaten, der seinen Mantel mit einem armen Mann teilte. In vielen Regionen Deutschlands gehen die Kinder nach dem Martinszug mit ihrer Laterne von Tür zu Tür und singen Martinslieder. Sie erwarten dafür Süßigkeiten.

Erntedank

Bei diesem Fest soll an die Arbeit in der Landwirtschaft und den Gärten gedacht werden. Aber auch daran, dass es nicht nur in der Hand des Menschen liegt, eine gute Ernte einzubringen. Es ist auch ein Dank an Gott. In Deutschland feiern wir das Erntedankfest meistens am ersten Sonntag im Oktober.

Pilze

Im Herbst schießen die Pilze oft über Nacht aus dem Boden. Doch was wir da über der Erde sehen, ist nur ein ganz kleiner Teil des Pilzes. Geflechte aus langen Fäden breiten sich unterirdisch aus. Dieses Geflecht nennt man Myzel, und das kann riesig werden. Über der Erde erscheinen nur die Fruchtkörper, die wir als Pilze bezeichnen.

Nikolaus von Myra

Nikolaus war ein griechischer Bischof. Er lebte im 4. Jahrhundert nach Christi. Seine Eltern waren reich. Nikolaus verteilte das Vermögen unter den Armen. Am Vorabend des Nikolaustages stellen die Kinder heute noch Schuhe vor ihre Tür, damit der Nikolaus sie in der Nacht mit Süßigkeiten und Äpfeln füllt.

Zeitumstellung

Am letzten Wochenende im Oktober wird die Uhr eine Stunde zurückgestellt. An diesem Sonntag dürfen wir eine Stunde länger schlafen! Die Zeitumstellung wurde in Deutschland im Jahre 1980 eingeführt. Man wollte durch diese Regelung das Tageslicht länger nutzen und Energie sparen.

Advent, Kerzen

Das Wort Advent stammt von dem lateinischen Begriff „Adventus“ und bedeutet Ankunft. Mit dem ersten Advent beginnt in der evangelischen und katholischen Kirche das neue Kirchenjahr. Seit dem 7. Jahrhundert feiern die Menschen Advent. Der erste Adventssonntag liegt zwischen dem 27. November und dem 03. Dezember.

KOHL VERLAG Jahreszeiten Der Jahreskreis – Bestell-Nr. 15 062

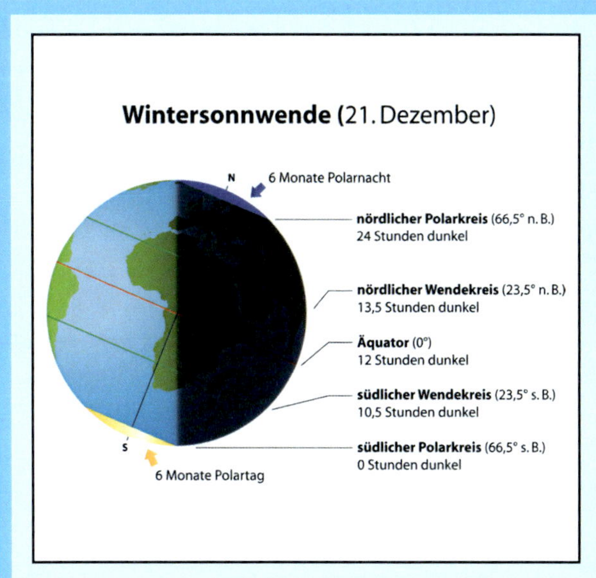

Jahreszeiten
Der Jahreskreis – Bestell-Nr. 15 062
KOHL VERLAG

Der Adventskranz

Der erste Adventskranz wurde von Johann Hinrich Wichern im Jahre 1839 aufgestellt. Jeden Tag fragten die Kinder, wann denn nun Weihnachten wäre. So nahm Wichern ein altes Wagenrad und befestigte 4 große, weiße Kerzen darauf. Für die Wochentage gab es 6 kleinere, rote Kerzen. Seit 1860 wird dieser Kranz mit Tannengrün geschmückt.

Der kürzeste Tag

Zur Wintersonnwende hat die Sonne die geringste Mittagshöhe über dem Horizont. Auf der Nordhalbkugel der Erde erreicht die Sonne diesen Punkt am 21. oder 22. Dezember. Das ist gleichzeitig der astronomische Winteranfang. Ab dem Tag werden die Tage wieder länger.

Die Rauhnächte

Ein Mondjahr zählt 354 Tage, geteilt in 12 Monate. Das Sonnenjahr hat aber 365 Tage. Da fehlen doch 11 Tage oder 12 Nächte! So wurden diese 12 Nächte auch als „Tote Nächte“ (Nächte ohne Datum) bezeichnet. In der dunklen Jahreszeit kommt das Böse aus seinem Versteck: Hexen, Dämonen, Geister und Tote treiben ihr Unwesen.

Schneeflocken

Genau wie Eis besteht Schnee aus vielen winzigen Eiskristallen. Dabei haben sie immer 6 Ecken. Wenn die Temperatur in einer Wolke unter 0 °C sinkt, bilden sich statt der Regentropfen winzige Eiskristalle. Jedes Schneekristall ist einmalig. Eine Schneeflocke besteht zu 95 % aus Luft, deshalb schwebt sie so sanft und leicht zu Boden.

Weihnachten

Weihnachten ist das Fest der Geburt Jesu Christi und gehört zu den wichtigsten Feiertagen der Christen. Die erste Erwähnung eines geschmückten Weihnachtsbaumes geht auf das Jahr 1419 zurück. Im 19. Jahrhundert verbreitete sich der Weihnachtsbaum von Deutschland aus in die ganze Welt.

Silvester

Ende des 17. Jahrhunderts nannte Papst Innozenz XII den letzten Tag des Jahres nach dem Papst Silvester I. Um gegen die bösen Geister zu kämpfen, ließ man früher Feuerräder den Berg hinab rollen. Heute ist Silvester ein fröhliches Fest, was mit Freunden und Familie gefeiert wird. Nach 12 Uhr nachts beginnt das neue Jahr.

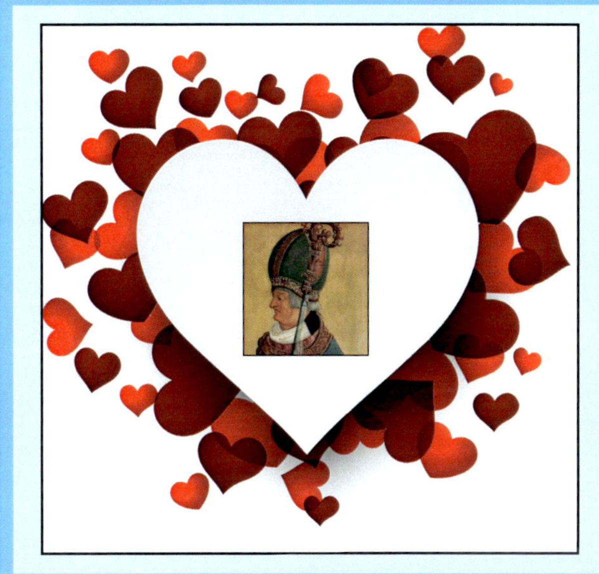

KOHL VERLAG
Jahreszeiten
Der Jahreskreis – Bestell-Nr. 15 062

Neujahr

Bei uns ist der Neujahrstag immer der 01. Januar, wir haben einen „festen“ Feiertag.

Mit einem Feuerwerk und dem Klang der Kirchenglocken begrüßen wir das neue Jahr. Obwohl wir heute unserer Umwelt zuliebe oft auf das Feuerwerk verzichten und uns mit Wunderkerzen begnügen.

Der Kalender

Der alte „Römische Kalender“ richtete sich nach den Mondmonaten. Julius Caesar ließ im Jahre 45 v. Chr. einen Kalender für das Sonnenjahr erstellen, der ihm zu Ehren der „Julianische Kalender“ genannt wurde. Heute gilt der Gregorianische Kalender. Er wurde Ende des 16. Jahrhunderts entwickelt und 1582 von Papst Gregor XIII eingesetzt.

Die Heiligen 3 Könige

Am 06. Januar ist das Fest der Heiligen Drei Könige. Damals glaubte man, die Welt bestehe aus drei Kontinenten: Europa, Asien und Afrika. So dachte man, die drei Könige ständen für die drei Kontinente. Balthasar, Caspar und Melchior brachten dem Jesuskind Gold, Myrrhe und Weihrauch.

Valentinstag

Valentin war ein Priester aus Ternia. Er wagte es, Paare im römischen Reich christlich zu trauen, obwohl zu jener Zeit die Christen verfolgt wurden! Am 14. Februar 269 wurde Valentin hingerichtet und später als Märtyrer heiliggesprochen.
So ist der 14. Februar als Valentinstag, als Tag der Verliebten, bekannt geworden.

Am Vogelhaus

Körnerfresser sind Finken, Dompfaffen, Kleiber, Sperlinge, Spatzen und Meisen. Sie mögen gerne Kürbis- und Sonnenblumenkerne, Samen, gehackte Nüsse (ungesalzen!), Haferflocken und Weizenkörner. Weichfutterfresser sind Rotkehlchen, Amseln, Zaunkönige und auch Meisen. Sie fressen Äpfel, Birnen und Rosinen.

Karneval

Die Bräuche zum Karneval haben ihren Ursprung in der Winteraustreibung, die schon vor vielen Jahren stattfand. Mit schrecklichen Kostümen und viel Krach und Radau vertrieben unsere Vorfahren die bösen Geister des Winters. Carne vale ist lateinisch und heißt so viel wie „Fleisch lebe wohl“.
In der Fastenzeit soll kein Fleisch gegessen werden!

Heute färben wir zu Ostern die Eier bunt. In der Fastenzeit wurden früher weder Fleisch noch Eier gegessen. So sammelte man die Eier und hatte zu Ostern eine ganze Menge davon! Um sie später von den frischen Eiern unterscheiden zu können, legte man Pflanzenteile mit ins Wasser. So entstanden die ersten gefärbten Eier.

Am 21. Juni ist Sommersonnenwende. Das heißt, die Sonne erreicht – auf unserer nördlichen Erdhalbkugel – ihren höchsten Stand. Mittags erreicht sie den nördlichen Wendekreis. Deswegen sind heute der längste Tag und die kürzeste Nacht. Ab morgen geht die Sonne wieder später auf und der Sonnenuntergang beginnt früher.

„Kar“ stammt von dem Wort „Kara“ und bedeutet
so viel wie Kummer, klagen oder trauern.
In der Karwoche liegen der Gründonnerstag,
der Karfreitag und der Karsamstag.
Karfreitag ist der Todestag von
Jesus Christus.
Frühlings-Tag- und Nachtgleiche
Frühling
Sommer-Sonnwende
Sommer
Herbst-Tag- und Nachtgleiche
Herbst
Winter-Sonnwende
Winter
Auf der Südhalbkugel fällt Weihnachten in den Sommer.
Künstliche Weihnachtsbäume mit Plastik oder Alu-
minium-Schmuck zieren Häuser und Gärten. Es
gibt viel künstlichen Schnee und elektrische
Lichter. Kerzen aus Wachs würden
ganz schnell schmelzen.
Aus den Lautsprechern
erklingt „White
Christmas“.

In Irland wurde schon früher in der Nacht vom 31. Oktober zum 01. November das Halloween-Fest gefeiert. Auswanderer brachten den Brauch nach Amerika. Seit etwa 1990 ist das Fest auch in Deutschland verbreitet. Viele Kinder, aber auch Erwachsene, verkleiden sich zu Halloween. Beliebt sind Geister, Hexen, Zauberer und Fledermäuse.

Bis ins letzte Jahrhundert gingen arme Kinder am Dreikönigstag von Haus zu Haus und sammelten Geld oder Nahrung für sich und ihre Familie. Seit der Mitte des letzten Jahrhunderts sammeln die Sternsinger Spenden für arme Kinder in der ganzen Welt. 2004 wurden die Sternsinger mit dem Friedenspreis ausgezeichnet.

Die Maisernte zur landwirtschaftlichen Nutzung erfolgt in Deutschland meistens zwischen September und November. Dann wird zuerst der Silomais und anschließend der Körnermais mit einem Maishäcksler geerntet. Süßmais (auch Zuckermais) wird vor allem in Nordamerika und Südeuropa angebaut.

Leider haben wir durch den Klimawandel immer weniger Schnee. Umso mehr freuen wir uns, wenn wir einen Schneemannbauen können, eine Schneeballschlacht machen oder rodeln können.